Weitere Titel der Autorin:

Kohlsuppe und Kaviar
Gereimtes und ungereimtes Leben
ISBN 978-3-8423-3267-6

Bürger Bosse Bonmots
Spruch - reifes aus Politik und Alltag
ISBN 97837 32261857

Tierische Hausgenossen
ISBN 9783837007879

Mit Gott–Vertrauen durch das Jahr
ISBN 9788744809894

Ist das Politik – oder kann das weg?
ISBN 9783752806168

Zeit–Stücke
ein Weihnachtsmärchen fürs ganze Jahr
ISBN: 9783749481187

Kaleidoskop

- des Lebens bunte Vielfalt -

Bibliografische Information der Deutschen Nationalbibliothek:

Die Deutsche Nationalbibliothek verzeichnet diese Publikation in der Deutschen Nationalbibliografie; detaillierte bibliografische Daten sind im Internet über http://dnb.dnb.de abrufbar

Impressum:
Copyright 2014 Angelika Trümper
Illustration: Angelika Trümper
Herstellung und Verlag
BOD - Books on Demand, Norderstedt

ISBN 9783750400757

Inhalt   Seite

Staats - Streiche

„Jammern auf hohem Niveau."

Diesen Satz hören wir Bürger
fast täglich von den Politikern.

Wie schön!
Endlich zeigen sie mal Einsicht
in das, was sie tun!

Die Therapie unserer Regierung
gegen Langzeitarbeitslosigkeit
sind die Maßnahmen der
Agentur für Arbeit.

Wahrscheinlich glauben die Politiker
auch an Wunderheiler.

Die Katze beißt sich in den Schwanz!

Die Bevölkerungsdichte steigt,
immer mehr ältere Menschen sind
zu verwalten, zu versorgen und zu
pflegen.

Die immens steigenden Kosten,
die dies verursacht,
decken wir blitzgescheit durch
Streichung von Arbeitskräften,
Arbeitszeit - und damit
menschenwürdigen Lebensbedingungen
für alle Betroffenen.

Im Gegensatz zum Menschen
hat die Katze allerdings sieben Leben.

Unsere Regierung spricht ständig
von unserem Status der
„sozialen Marktwirtschaft",
verschweigt aber, dass sie ihn nur
durch unsoziales Wirtschaften
aufrecht erhalten kann.

Durch die verschärften
Hygienevorschriften
sind in den letzten Jahren
auf staatliche Anordnung
viele jahrzehntelang
bestehende Schlachtereien
zur Aufgabe gezwungen worden.
Man wollte krankheitserregende
Keime eindämmen.

Schlechter Zeitpunkt:
Dank der Privatisierung
sind die nun in Krankenhäusern.

Mir fällt gerade auf,
dass ich noch gar nichts
über Behördenwillkür
geschrieben habe.

Liegt es vielleicht daran,
dass manches, was da passiert,
einfach unbeschreiblich ist?

Im Namen des Volkes?

Wer es sich leisten kann, für
20 Mio. € die Steuern zu hinterziehen,
büßt dafür mit 3 Jahren Gefängnis.

Wer vergisst, einige hunderttausend
Euro Steuern abzuführen, erfährt
höchste Anerkennung für die
Aufrichtigkeit, dies anzuzeigen.

Wer nichts hat, außer einem Lohn,
der knapp über der Armutsgrenze liegt
und einen vergessenen Pfandbon
an sich nimmt, verliert für diese
Unaufrichtigkeit seinen Arbeitsplatz.
Was sollte er sonst auch geben?

Der Justitia hatte man
aus Gründen der Gleichbehandlung
die Augen verbunden.
Manche heutige Richter aber
scheinen tatsächlich
mit Blindheit geschlagen zu sein...

Große Überschrift in der Zeitung:

„Die närrische Zeit."

Darauf wird extra hingewiesen!

Ist nicht in unserer Gesellschaft

jeder Tag närrisch?

Wir sind ein Volk!

Welt - Theater oder

„Was wollt ihr?"

(frei nach W. Shakespeare)

Warum

sind wir immer noch

Ossis und Wessis,

Weiße, Schwarze,

Emigranten, Immigranten?

Warum sind wir nicht

alle einfach Menschen?

Hecken, Zäune und Grenzen

sind schlechte Erfindungen.

Sie verleiten uns nur dazu,

alles, was dahinter beginnt,

mit Argwohn zu beäugen.

Freiheit, Gleichheit, Brüderlichkeit,
fraternité, egalité, humanité,
peace, freedom, liberty...

Viele Länder schmücken ihre Denkmäler
mit diesen großen Worten.
Aber wer interessiert sich heutzutage
noch für Denkmäler?

Ohne Worte...

Fernsehansage:

Den Film über verhungernde Kinder

in vielen Teilen der Welt

können Sie bei uns schon

heute Abend sehen!

Um 23:15 Uhr –,

gleich nach der Champions League.

Wir brauchen uns nicht

über „diese kaputte Welt"

zu wundern,

denn sie ist nichts als

ein Spiegelbild unserer Gesellschaft.

Wie eingebildet

auf ihre gute Ausbildung

ganz offensichtlich viele

hohe Staatsmänner sind!

Allein den Geschichtsunterricht

haben sie wohl allesamt

komplett verschlafen.

Wie könnte es sonst

noch Kriege geben?

Wir sitzen alle in einem Boot -

und haben nichts Besseres im Sinn,

als es zum Kentern zu bringen.

Warum sind Menschen

jederzeit bereit,

von anderen schlecht zu denken?

Schließen sie von sich selbst

auf andere?

Die Würde
des Menschen...

Was ist ein Menschenleben wert?

Für Rettungsmannschaften

bei Feuers-, Berg- und Seenot:

ihr Leben für das eines anderen.

Für Ärztinnen, Ärzte und

Pflegepersonal:

oft Einsatz bis an die eigenen Grenzen.

Für manche Richter und Anwälte:

eine Denksportaufgabe.

Für die Medien im Katastrophenfall:

je mehr Tote, je mehr Quote.

Für die Verantwortlichen im Krieg:

ein Statistikstrich.

Zucht- und Haustiere sind abhängig von
ihren Haltern als „Brötchengebern".
Dies ahnen sie und begehren instinktiv
nicht auf, selbst wenn sie geschlagen,
eingepfercht und unter unwürdigsten
Bedingungen gehalten werden.

Menschen in größter Not reagieren ähnlich,
halten still, resignieren
und glauben, sich in ihrer Bedrängnis
nicht wehren zu können.

Dieses Wissen halten immer wieder
skrupellose, machtgeile Menschen
für ihren Freifahrtschein,
sich anzumaßen,
Schwächere wie Tiere behandeln,
sie quälen und ihnen
jegliche menschenwürdige Behandlung
verweigern zu dürfen.

Und die Welt schaut zu!?

Jeder gesunde Mensch

hat eine Körpertemperatur

von ca. 37 ° C.

Wie kann es da sein,

dass einige eine Kälte

ausstrahlen,

in der alles um sie herum

erstarrt?

Wir legen in unserer Gesellschaft
viel Wert auf's Abspecken,
um äußerlich so perfekt
wie möglich zu sein.

Wie viel wertvoller wäre es,
wenn wir mit
der gleichen Euphorie
darangehen würden,
unsere Gehirne abzuspecken,
um sie aller niederen, gewalttätigen
und zerstörerischen Gedanken
zu entledigen.

Um anderen aus Notlagen zu helfen,

fehlt es uns meist weniger an Geld,

wie einfach behauptet wird,

sondern vielmehr an Herzenswärme.

Erwachsene wünschen sich

ins Mittelalter oder in Cyber-Welten,

und die Kids gehen auf die Suche

nach Pokémon und Dragon ball.

Können wir die Realität

wirklich nicht mehr ertragen?

Kalt ge - presst

Mal wieder lähmt das Sommerloch.
Woher jetzt Stories kriegen?
Reichen nicht ein paar Lügen?
Leser sind leicht zu betrügen.
Und glauben das Gedruckte doch.

Die Ideen werden knapp.
In der glühenden Hitze
rauchen die ratlosen Köpfe.
Hoffnungsvoll zählt man die Knöpfe
an den Oberhemden ab.

Politiker- oder Bürgerschelte?
Egal, wen wir denunzieren!
Nicht erst lange recherchieren,
später kann man revidieren.

So beginnt soziale Kälte.

Die Arroganz mancher Journalisten
lässt sich wohl auch damit erklären,
dass sie glauben, – gottgleich –
Menschen „töten" und wieder
„auferstehen lassen" zu können.

„Cogito, ergo sum."

Ich denke, also bin ich.

(Descartes)

Schade, dass diese Aussage nicht auch
in umgekehrter Reihenfolge
eine logische Schlussfolgerung ergibt.

Memory

Gesundheit!

Paradox

Die Kostenexplosion

in unserem Gesundheitswesen

entsteht u. a. durch die vielen neuen

Untersuchungsmethoden und Operationen,

die den Gewinn erwirtschaften sollen,

um kostendeckend arbeiten zu können.

Die Behandlung in manchen
psychiatrischen Einrichtungen
kann nur überstehen,
wer psychisch wie physisch
100 %ig fit ist.

Politiker sollte antreiben,
das Wohlergehen der Bürger
zu sichern –
nicht das Sichern
der eigenen Diäten
und Pensionen.

Die meisten Kaufhäuser in Hamburg

sind im Winter so überheizt,

dass man schwitzend wieder

in die Kälte tretend

denken könnte, die Betreiber

hätten ein Abkommen

mit den Energie-Versorgern

und die wiederum

mit Ärzten und Apothekern...

Früher hatten Kinder
eine Puppe, ein paar
Matchbox-Autos, Murmeln,
„Mensch ärgere dich nicht",
Wald, Wiesen,
freie Straßen und Plätze
zum Spielen und Herumtoben

und kein AD(H)S.

Früher hatten Erwachsene
kein Handy für ständige
Erreichbarkeit,
kein Smartphone,
kein Tablet für unterwegs,
keinen Computer

und kein Burn-out.

Vielleicht ist weniger doch mehr?

Fortschritt

Steige am Hamburger Hauptbahnhof
aus dem Zug und gehe die Treppen
zur Mönckebergstraße hinauf.

Statt des lebendigen, bunten Treibens,
das ich dort erwartet hatte,
stehen die Menschen bewegungslos
und mit gesenkten Köpfen.

Was ist hier los?
Staatstrauer? Ein Attentat? –
Ach nein, sie sind alle nur
mit ihrem Smartphone
beschäftigt...

Da das Universum

leider immer noch nicht

uns allen zur Verfügung steht,

haben wir in Vertretung

schon mal unsere Daten

vorausgeschickt...

Wer ständig an seinem Computer
oder Smartphone hängt,
muss sich nicht wundern,
wenn er immer unter Strom steht.

Nicht Freiheit
verschafft uns
das immer selbständigere
Arbeiten der Computer,
sondern Abhängigkeit.

Ist das schnelle Übermitteln

von E-Mails wirklich

so beliebt, weil wir Zeit –

oder die mündliche Auseinandersetzung

mit einem lebendigen Gegenüber

sparen wollen?

Der Siegeszug des Computers

und des Smartphones

durch die ganze Welt

liegt vielleicht darin begründet,

dass sie dem Menschen

uralte Machtgelüste erfüllen:

sie sind rund um die Uhr verfügbar

und führen Befehle unverzüglich aus.

Umwelt

oder

„und täglich grüßt der Pleitegeier!

Klimaschutz

Und wieder ein Klimagipfel
mit dem Bemühen,
das Abholzen von Regenwäldern
zu stoppen,
den CO_2 Ausstoß
zu verringern,
der Industrie,
den Betreibern von Kohlekraftwerken
und den Autofahrern
ein neues Bewusstsein für
Umweltschutz
einzuimpfen...

Jeder weiß ja aus
Beurteilungen, was
„er/sie hat sich stets bemüht",
bedeutet.

Die Lobby ist stärker.

<u>Pflanzenschutz</u>

Die Gegner der permanenten Vergiftung
und Manipulation von Pflanzen,
die der Ernährung dienen,
bringen Politiker nicht dazu,
sich intensiver um andere Lösungswege
zu bemühen.

Jeder weiß ja aus
Beurteilungen, was
„er/sie hat sich stets bemüht",
bedeutet.

Die Lobby ist stärker.

Tierschutz

Seit wie vielen Jahren versuchen Tierfreunde,
auf die lebensunwürdige Haltung
von Masttieren sowie
die übermäßige Verabreichung von Arzneimitteln
an Tiere, die der Lebensmittelgewinnung dienen,
aufmerksam zu machen?
Seit wie vielen Jahren protestieren sie
gegen Versuche an lebenden Tieren?

Die kläglichen Bemühungen
der Politiker auf diesem Gebiet
bezahlen immer noch viele Tiere
mit dem vorzeitigen elenden Tod.

Jeder weiß ja aus
Beurteilungen, was
„er/sie hat sich stets bemüht",
bedeutet.

Die Lobby ist stärker.

Artenschutz

Seit langer Zeit
bemühen sich Menschen,
u. a. mit der Hilfe der EU,
um die Erhaltung der Tiervielfalt.

Das Ausrotten ganzer Arten
soll verhindert, Reservate
erhalten und erneuert werden.

Jeder weiß ja aus
Beurteilungen, was
„er/sie hat sich stets bemüht",
bedeutet.

Die Lobby ist stärker.

Zwischen -

Menschliches

Wenn man bedenkt,

wie viel Hausarbeit

in gebückter Haltung

oder im Knien

erledigt werden muss,

erklärt das, warum Männer

noch bis ins 20. Jahrhundert

so wenig Achtung

vor ihren Frauen hatten.

Ständig lagen die

vor ihnen auf den Knien.

Tempora mutantur

„Das ist Frauenarbeit!"
Etwas verächtlich schauten
noch vor kurzem viele Männer
auf die sogenannten „Tippsen" herab.

Im Computerzeitalter dürfen wir
aber nun erleben,
dass in beinahe jedem Mann
eine perfekte kleine
Schreibdame steckt...

Der Gärtner erntet
im Schweiße seines Angesichts
das Obst aus seinem Garten.

Der Schriftsteller sitzt
unterm Schirm der Apfelbaumkrone,
beobachtet ihn
und schreibt darüber ein Gedicht.

Beide gehen ihrer Arbeit nach.

Ob der Gärtner das auch so sieht?

Die Sonne scheint wärmer hier,

der Wind bläst nicht so

schneidend,

vielleicht ist auch der Himmel

ein wenig blauer...

Hier bin ich zuhause.

Ein Entenpärchen verbringt einen

Vormittag dicht aneinandergeschmiegt

einträchtig schweigend am Seeufer.

Halten vielleicht manche Tier - Partner-

schaften lebenslänglich, weil diese,

im Gegensatz zu den Menschen,

nicht alle Meinungsverschiedenheiten bis

zum Ende ausdiskutieren?

Da staunt der Laie

Verkehrsnachrichten im Radio
Anfang September:
„Einrichtung einer Baustelle auf der A 7
vor dem Hamburger Elbtunnel,
bei der die Fahrbahnen von drei
auf eine Spur verengt wurden.

Verursacher des 30 km langen Staus
sind die Autofahrer,
vorwiegend durch
die vielen Rückreisenden
am letzten Ferienwochenende...“

Je-des-mal kommt mir
genau an der Stelle auf der Straße
ein anderes Auto entgegen,
an der ich ein Hindernis vor mir habe,
und ich denke: Warum muss das
je-des-mal so sein?

Nein, ganz bestimmt nicht jedes Mal.
Nur, wenn ich freie Fahrt habe,
beachte ich das gar nicht weiter.

Ob es in anderen Lebenssituationen
nicht genauso ist?

Beim Beobachten eines Kleinkindes

konnte ich gerade mal wieder erleben,

was alles passieren kann,

wenn man sich Schuhe anzieht,

die ein paar Nummern zu groß sind...

Was man verstehen will,

muss man begreifen,

mit dem Verstand und

dem Gefühl be - greifen,

so wie kleine Kinder

alles be - greifen,

bevor sie es verstehen.

Manche Leute

sind ständig

so in Gedanken,

dass sie gar nicht mehr

denken können...

Der Ausdruck

„menschliches Versagen"

wird oft im Zorn oder

voller Entrüstung benutzt.

Soll er uns nicht daran erinnern,

dass auch das Versagen

durchaus menschlich ist?

Der erste Eindruck
ist der bleibende?
Er wird nie bis in
das Innere eines Menschen
dringen.

Die Sprache,
die auf der ganzen Welt
problemlos verstanden wird,
ist nicht englisch,
sondern immer noch die
„über andere.“

Wenn man nur nicht immer wieder

diese schäbigen Kompromisse

mit sich selbst machen würde...

Natürlich finde ich mich
in meinem Chaos zurecht.

Nur, wenn ich etwas
ordentlich wegräume,
dann ist es eben weg –
wie das Wort schon sagt.

Die Zeit läuft...

Manche Dinge erledigen sich
wie von selbst!

Zum Beispiel:
Falten kriegen oder graue Haare,
Erinnerungslücken und das Krachen
in den Gelenken...

Oder das ganze Altern überhaupt:
du lebst arglos dein Leben,
und plötzlich hat es dich erwischt.
Viel eher, als du je gedacht.

Wie gehen wir eigentlich

mit unserer Zeit um?

Anstatt j e t z t zu leben,

anstatt j e t z t zufrieden zu sein,

warten wir ständig auf die

noch bessere, noch passendere

Gelegenheit.

Haben wir wirklich so viel Zeit

zu verschenken?

Licht durchbricht die Dunkelheit

November

Heute ist mir gar nichts recht,
ich find' einfach alles schlecht.

Was ich anfang', es geht schief.
Auch das Wetter hat ein Tief.

Wenn ich aus dem Fenster seh',
nichts als Regen, Sturm und Schnee.

Doch kann ich in Novembertagen
über Herbstwetter mich beklagen?

Wie hübsch weihnachtlich
jetzt die Nussknacker
in den geschmückten
Schaufenstern stehen.
Und wie gut
machen sie sich dann
unterm Tannenbaum.

Doch sogar sie
haben ihre Berechtigung
nur dadurch,
dass sie anderen
die Zähne zeigen...

leben - und leben lassen

reden - und reden lassen

denken - und denken lassen

finden - und finden lassen

lieben - und lieben lassen

frei sein - und frei sein lassen

Lebens - Lauf

Da geht ein Mensch

so vor sich hin

und fragt sich nach

des Lebens Sinn.

Doch bis er den

gefunden hat,

läuft er sich müde

und schachmatt.

Wer glaubt, er wüsste,

wie er in Extremsituationen reagiert,

sollte sich auf Überraschungen

gefasst machen.

Jeder Mensch braucht Träume,
Wunsch - Träume, mit denen
er lebt, für die er lebt...

Könnte man ohne diese Träume
überhaupt leben?

Nein, ich bin nicht auf Turkey,

und doch ist es eis - kalter Entzug,

dieses Loslassen müssen,

dieses immer wiederkehrende

Gefühl der Trauer

um den Verlust

der Kindheit,

der Geborgenheit,

meines Apfelbaumes,

der Blätter der Buchenhecke,

der Eisblumen am Fenster,

der toten Freunde,

der begrabenen Freundschaften,

einer vertanen Chance,

der Leichtigkeit,

der Gutgläubigkeit,

des Vertrauens.

Die Zeit heilt Wunden?

Ist es nicht vielmehr so,

dass mit der Zeit

Zelle für Zelle

der Freude,

der Lebenslust,

der Wünsche,

der Illusionen

abgetötet werden,

bis die so entstandene Lethargie

zur Immunität führt?

Das Schmerzgedächtnis

der Seele

kann manchmal

größere Qualen bereiten

als das körperliche.

Ewigkeit

Der Tod. Die Fratze.

Die Erlösung. Schlafes Bruder.

Schlund zur Hölle oder

Weg zum ewigen Leben?

Ewige Dunkelheit oder

ewiges Licht?

Verdorren oder Erstrahlen?

Ewiges Leid oder

göttliche Freude?

Alles in Gottes Hand.

Erinnerungen sind das Labyrinth,

durch das die Seele irrt,

bis ihr Flügel gewachsen sind.

Hoffnung

Man kann so vieles
im Leben nicht fassen.
Man kann's nicht versteh'n
und fühlt sich verlassen.

Der eine fürchtet,
daran zu zerbrechen,
ein anderer denkt nur:
„Ich will mich rächen!"

Ein dritter aber
lernt's zu ertragen
und sagt sich still:
„Ich will nicht viel fragen."

Der tiefere Sinn
bleibt uns manchmal verschlossen.
Doch das hindert uns nicht,
zu glauben, zu beten, zu hoffen.

Die Sinnfrage

Warum?

Dennoch.

Geborgenheit